CONCLUSIONS MOTIVÉES

POUR

Anne-Marie-Amicie POUPART DE NEUFLIZE, épouse de Giles-Robert-Pierre LEMOINE DES MARES; et son mari qui l'autorise, appelants;

CONTRE

Les héritiers de Jacques LAFITTE ; les héritiers de Pierre-Urbain SARTORIS; Jean-Louis GREFFULHE, tant en son nom personnel qu'au nom et comme tuteur de ses enfants mineurs; *intimés;*

ET CONTRE

Marguerite-Jeanne-Zélia POUPART DE NEUFLIZE, majeure, héritière, sous bénéfice d'inventaire, de Jean-Abraham-André POUPART DE NEUFLISE, son père; *aussi intimée.*

ATTENDU que le jugement du 24 avril 1844, dont la dame Lemoine des Mares a interjeté appel, lui fait griefs,

1° En ce qu'il ordonne que, dans la masse de la succession de la dame Poupart de Neuflize, née Dumoutier de Vatre, figureront les 200,000 fr. attribués à ladite dame des Mares, par un jugement du 19 mars 1816;

— 2 —

2° En ce qu'il n'ordonne le rapport à la masse de cette succession des sommes reçues par de Neuflize-Sévene, de la dame sa mère, qu'autant qu'elles auraient été *prétées ou avancées dans l'intérêt personnel dudit de Neuflize-Sevene*; ce qui peut impliquer une restriction quelconque au rapport fictif des sommes prêtées par la mère de famille à l'un de ses enfants;

3° Et même, en ce que le jugement dont est appel n'a pas autorisé, dès à présent, la dame des Mares à toucher la somme de 121,500 fr., mise en réserve sur le prix des biens donnés en dot au sieur Poupart de Neuflize fils, et formant le rapport à effectuer par lui, pour remplir ladite dame des Mares de sa légitime.

PREMIER GRIEF.

Les 200,000 fr. portés en l'obligation sous seing privé du 30 septembre 1814 et au payement desquels la dame veuve de Neuflize mère a été condamnée envers la dame des Mares, par le jugement du du 19 mars 1816.

Attendu que cette somme de 200 mille francs n'ayant point été *donnée* par la dame de Neuflize à sa fille, celle-ci n'en doit pas faire le rapport, même fictif, à la succession de ladite dame de Neuflize.

Attendu qu'en supposant une pure libéralité, et non une dette, dans la reconnaissance du 30 septembre 1814, la somme de 200 mille francs, dont il s'agit, devrait être imputée non pas sur la *réserve* de la dame des Mares, mais sur la *quotité disponible* dans la succession de sa mère;

Attendu que, raisonnant toujours dans l'hypothèse d'une donation, il n'y aurait que moitié de la somme de 200 mille francs qui dût être réunie fictivement aux biens de la succession de la dame de Neuflize, pour constituer une masse, conformément à l'art. 922 du code civil.

§ 1er.

Les 200,000 francs montant de l'obligation du 30 septembre 1814, et adjugés par la sentence du 19 mars 1816, à laquelle la dame de Neuflize a déclaré acquiescer, par la transaction du 13 juillet de la même année, n'ont point été promis à titre de DONATION.

ATTENDU que, s'agissant de composer la masse de la succession de la dame de Neuflize, conformément à l'article 922 du code civil, c'est-à-dire de réunir fictivement aux biens laissés par elle, à son décès, ceux dont elle avait disposé par *donations entre vifs*, il convient de rechercher, d'abord, quel est le caractère intrinsèque de l'obligation de 200 mille francs, du 30 septembre 1814.

Attendu qu'on ne peut voir une *donation* ou une disposition *à titre gratuit*, comme il est dit à l'article 893 du code civil, là où il existe une cause d'obligation naturelle ou civile. Donari videtur, quod NULLO JURE cogente conceditur (L. 29, D. de Donationibus). — Stipulationes quæ OB CAUSAM fiunt, non habent donationem. (L. 19. ejusd., Tit. § 5.)

Labeo scribit: EXTRA CAUSAM DONATIONEM *esse officiorum ea mercedes, putà si tibi ad fuero..... (eadem leg.,* § 1*)*; et, pour exprimer que la promesse d'acquitter une dette naturelle n'est point une donation, Pothier ajoute: *et generaliter quotiescunque* NATURALE DEBITUM *exsolvitur* (1).

Attendu que la dame de Neuflize a reconnu *devoir* les 200,000 fr. qu'elle promettait de payer à sa fille, par l'acte sous seing privé du 30 septembre 1814;

Qu'elle était, en effet, *débitrice* de cette somme envers la dame

---

(1) *Pandectæ*, tome III, page 847.

des Mares, 1° parce qu'elle avait reçu du sieur de Neuflize, son mari, les deniers destinés à rétablir l'équilibre entre les avantages conférés à leurs deux enfants, et notamment à indemniser la dame des Mares de l'érection d'un majorat dont son frère devait seul profiter; 2° parce que, dès avant le 30 septembre 1814, et à remonter au mois de mars 1810, il existait, entre les mains de la dame des Mares, des engagements par écrit, émanés, non-seulement du sieur de Neuflize père, mais encore de la dame de Neuflize elle-même; 3° parce qu'enfin ces titres ont été remis par la dame des Mares à sa mère, en échange de l'obligation du 30 septembre 1814;

Attendu que tout cela résulte de la teneur même de cette obligation, écrite en entier, et par *duplicata*, de la main de la dame de Neuflize :

« Je, soussignée, reconnais *devoir* à ma fille la somme de deux
» cent mille francs, que je m'engage à lui faire payer ou à lui payer,
» avec cinq pour cent d'intérêt, en huit termes égaux, de 25,000 fr.
» chacun, dont le premier échoira le 1ᵉʳ juin prochain, et ainsi de
» suite, de six mois en six mois, jusqu'à l'entier acquit de ladite
» somme, qui ne pourra lui être comptée qu'en bonnes espèces d'or
» ou d'argent, ou en bons effets à courts jours sur Paris; et je
» déclare, par ce même acte, auquel j'entends donner la même force
» que s'il était pardevant notaire, que *cette obligation de ma part est*
» *le résultat de l'engagement que nous avions pris, mon mari et moi,*
» *de dédommager notre fille de l'érection en majorat de la terre de*
» *Neuflize et de ses dépendances en faveur de notre fils.*

» Je reconnais aussi, par le présent, que ma fille *m'a remis entre*
» *mes mains l'engagement par écrit que nous avions pris précédemment*
» *envers elle* pour cet objet, lequel engagement, sous la date du
» 12 mars 1812, confirmait nos promesses faites, avant et après le
» mariage, de traiter notre fille en tout point comme son frère notre
» fils. Je reconnais aussi que ma fille *m'a remis une lettre de son*

» père, par laquelle il renouvelle nos promesses et particulièrement
» celle relative à la compensation du majorat,

» Il est bien entendu que *cet acte de justice de notre part et dont*
» *mon mari m'a confié l'exécution*, ne devra jamais exposer ma fille
» ou ses héritiers à aucune espèce de rapport à ma succession; parce
» que son frère ayant reçu en toute propriété la terre de Neuflize
» et dépendances, à titre gratuit, envers elle et notre succession, la
» somme de 200,000 fr., qui se trouve, par suite de l'érection de
» ce majorat, distraite des biens au partage desquels elle avait droit,
» est due par conséquent à notre fille et ses héritiers à titre de
» préciput et hors part, et devra, nonobstant toute révocation qui
» pourrait avoir lieu, soit par testament ou autres dispositions, lui
» être payée, comme est dit ci-dessus, et même des premiers deniers
» de ma succession, si je venais à mourir avant l'accomplissement
» de cet engagement.

» Fait à Sedan, le 30 septembre 1814. — Bon pour deux cent
» mille francs. » — Signé DE NEUFLIZE née DE VATRE.

Attendu que, du moment où cette obligation est l'*accomplissement*
d'une promesse, le solde d'un *engagement* pris par M. de Neuflize
envers sa fille, et dont *l'exécution avait été confiée à sa veuve*,
légataire ou plutôt fidéicommissaire de plus de 500 mille francs à
cette fin, il n'est pas possible de soutenir, comme cela est écrit dans
les motifs du jugement, que la somme de 200 mille francs, payée à
la dame des Marcs, est le *produit d'une libéralité spontanément exercée
par la mère au profit de la fille*. On n'agit point *spontanément* quand
on ne fait qu'obéir à un *engagement* antérieur, contracté envers deux
personnes, envers le père de famille qui, s'étant engagé lui-même,
a *confié l'exécution* de sa promesse, et envers l'enfant à qui des droits
ont été reconnus. On n'exerce point une *libéralité* quand des causes
préexistantes déterminent la disposition : *stipulationes quæ ob causam
fiunt, non habent donationem*; quand on acquitte au moins une dette

naturelle, *quotiescunque naturale debitum exsolvitur;* quand on s'oblige, parce qu'on a les mains garnies, parce qu'il y a justice à se libérer d'un fidéicommis (1); parce qu'enfin on n'accepte pas d'un enfant la remise et le sacrifice de ses anciens titres, quels qu'ils soient, sans les remplacer par un autre.

Attendu que la dame de Neuflize n'a marqué, par l'acte du 30 septembre 1814, aucune *préférence* en faveur de sa fille: seulement elle a voulu atténuer, sinon détruire, par l'emploi de valeurs qu'elle tenait de la *confiance* de son mari, les effets d'une préférence dont son fils avait été l'objet;

Que la *spontanéité* et la *gratuité* manquant à l'obligation du 30 septembre, on ne peut considérer, avec les premiers juges, le paiement des 200 mille francs à la dame des Mares, *comme un avantage fait par la mère à la fille,* et qui soit de nature à rentrer fictivement, à titre de *donation entre vifs,* dans la masse de la succession de la dame de Neuflize, en vertu de l'article 922 du code civil;

ATTENDU que le caractère de l'obligation du 30 septembre 1814 a, d'ailleurs, été fixé par un jugement du 19 mars 1816, passé en force de chose jugée;

Que ce jugement, qui condamne la dame de Neuflize au paiement des 200 mille francs dont il s'agit, est motivé sur ce que, « en sous-
» crivant l'acte du 30 septembre 1814, la dame veuve de Neuflize a
» entendu et voulu acquitter d'autant la succession du feu sieur de
» Neuflize, son mari, et elle-même, d'une *dette sacrée* envers la dame
» des Mares, ainsi que cet acte le constate dans les termes les plus précis:
» *Je, soussignée,* y dit-elle, *reconnais devoir à ma fille la somme de*
» *200,000 francs, que je m'engage à lui payer, avec intérêt à cinq pour*

---

(1) *Campanus scribit, non debere prætorem pati, donum, munus, operas imponi ei, qui* EX FIDEI-COMMISSI CAUSA *manumittatur......* (Loi 47, D, *de operis libertorum.*)

» cent, en huit termes égaux, de six mois en six mois. Pourquoi
» cette promesse, et pour quelle cause ? La dame de Neuflize l'explique
» avec une égale précision : *parce que cette obligation, de ma part, est*
» *le résultat de l'engagement que nous avions pris, mon mari et moi,*
» *de dédommager notre fille de l'érection en majorat de la terre de*
» *Neuflize en faveur de notre fils;*

» Que cet écrit est dans la forme ordinaire des conventions, qu'il
» a un objet certain et une cause licite..... Qu'il reste pour constant
» qu'elle (la dame de Neuflize) s'est volontairement, en connaissance
» de cause et de son plein gré, reconnue et constituée débitrice
» envers sa fille de ladite somme principale et intérêts, qu'elle n'a
» fait que satisfaire au sentiment de sa conscience, à l'équité na-
» turelle, aux intentions et volontés écrites de feu son mari, aux
» règles d'une saine justice et à la voix de la nature et de l'honneur ;

» Que le moyen opposé, de la part de la dame de Neuflize, tendant
» à *dénaturer* son obligation de payer et à la *transformer* en une
» donation qui ne serait pas passée devant notaires, n'est qu'un
» moyen odieux : *elle a voulu faire et a fait une obligation pure et*
» *simple,* dans laquelle son intention et sa volonté sont énergique-
» ment exprimées ; qu'elle n'a pu adopter le système de *convertir sa*
» *promesse de payer en une donation entre vifs,* qu'en se faisant il-
» lusion sur la forme, l'objet et la cause de sa *reconnaissance* et sur
» les promesses réitérées de sa part et celle du sieur son mari, d'é-
» galiser leurs enfants et particulièrement d'indemniser la dame des
» Mares de la valeur du majorat de son frère, promesses qui déjà
» avaient été réalisées par un engagement que feu son mari et elle
» avaient pris en faveur de leur fille pour l'objet du majorat, lequel
» engagement confirmait leurs promesses faites avant et après son
» mariage, de la traiter en tous points comme son frère, et par une
» lettre du sieur de Neuflize contenant nouvelles promesses et prin-
» cipalement celles relatives au majorat ; engagement et lettre que
» la dame de Neuflize déclare, par son obligation, lui avoir été remis

» par sa fille, ajoutant que c'est un acte de justice de leur part, dont
» son mari lui a confié l'exécution ;

» Que pour autre moyen de nullité de son obligation, la dame de
» Neuflize allègue qu'elle était maîtresse de l'accorder ou de la re-
» fuser, qu'elle ne pouvait pas y être contrainte. Mais il est évident,
» comme elle le dit elle-même, que *c'était un devoir pour elle et*
» *pour son mari, et qu'elle n'a pu au moins moralement la refuser ;*
» qu'en supposant au surplus qu'elle ait pu, elle n'a pas voulu s'en
» dispenser ; elle n'a fait assurément, en cela, que se conformer *à*
» *l'équité et aux lois naturelles et civiles qui veulent, comme règle*
» *générale, un partage égal entre les enfants ;*

» Que quand même l'obligation formelle de la dame de Neuflize
» pourrait être regardée comme une donation tacite, déguisée, envers
» sa fille, elle serait encore valable, sous ce dernier rapport : c'est
» un point décidé par divers arrêts de la cour de cassation ; que la
» dame de Neuflize, venant elle-même réclamer en justice contre son
» obligation et proposer de la *convertir en donation* au profit de sa
» fille, afin d'en demander la nullité, a fait une démarche dont elle
» n'a point senti l'inconvenance et l'indiscrétion ; qu'en un mot, il
» s'agit d'une *dette morale et sacrée* que la dame de Neuflize s'est
» obligée de payer *et que son mari l'a chargée d'acquitter, en mettant*
» *à sa disposition, par un legs du quart de sa fortune, une somme*
» *d'environ 500,000 fr., affectée en partie à cet emploi.* »

Attendu qu'il y a eu manifestement *chose jugée* sur la question de
savoir si l'acte du 30 septembre 1814 contenait une obligation pure
et simple ou bien une donation ; que le jugement du 19 mars 1816
reconnaît à la promesse de la dame de Neuflize le caractère d'une
obligation pure et simple, parce qu'il y avait entre la mère et la fille
le principe d'une dette tout à la fois naturelle et civile, parce qu'il
s'agissait pour la mère de remettre un dépôt qui avait une destination
spéciale, devant servir, non pas à conférer des *avantages à la fille*,

mais à compenser, au moins en partie, ceux qui ont été faits au fils, par conséquent à ramener, autant que possible, l'égalité du partage entre le frère et la sœur.

ATTENDU que, si, contre l'évidence et la chose jugée, la promesse de 200,000 fr. était une donation, à l'époque du 30 septembre 1814, elle s'est transformée depuis, et par l'effet de la transaction du 13 juillet 1816, en un contrat à titre onéreux;

Qu'aux termes des articles 14, 15 et 17 de cette transaction, la dame des Mares n'a obtenu l'acquiescement de la dame de Neuflize au jugement du 19 mars 1816, qu'en échange de sacrifices par elle faits en faveur de son frère, notamment de sa renonciation au bénéfice d'un autre jugement du 11 juillet 1815, qui annulait le contrat de société intervenu, à son grand détriment, entre les sieurs de Neuflize, le 31 décembre 1811, notamment encore de sa renonciation au droit d'exiger du sieur André de Neuflize, le rapport des capitaux énormes, s'élevant à plus d'un million de francs et versés par le père de famille dans les établissements de Mouzon.

§ 2.

En supposant une pure libéralité, et non une dette, dans la reconnaissance du 30 septembre 1814, la somme de 200,000 fr. devrait être imputée, non sur la réserve de la dame des Mares, mais sur la quotité disponible dans la succession de sa mère.

ATTENDU qu'il ne faut pas confondre la *réserve* à laquelle a droit un successible en ligne directe, avec la *quotité disponible* qui peut lui être laissée, mais qui peut être aussi donnée à un autre;

Qu'il ne faut pas non plus confondre, dans les questions de *rapport réel* ou *fictif*, les donations *en avancement d'hoirie* avec celles faites par *préciput* et *hors part ;* les premières s'imputent sur la *réserve*, les autres sur la *quotité disponible ;*

Que cette double distinction, fondée sur la nature des choses, résulte d'ailleurs de l'ensemble des dispositions du code civil, en matière de successions, notamment des articles 844, 845 et 919; et qu'elle a été consacrée par un arrêt d'annullation du 25 mars 1834 (1).

Attendu que si l'héritier qui renonce à la succession, peut retenir les biens qui lui ont été donnés, jusqu'à concurrence, non-seulement de la *quotité disponible*, mais encore de sa part dans la *réserve légale* qui est attachée à sa qualité d'enfant : arrêt de cassation du 17 mai 1843 (2); que s'il peut même, aux termes de cet arrêt, demander que la masse héréditaire soit établie conformément à l'art. 922 du code civil et forcer l'héritier qui n'a point renoncé, à faire le rapport fictif à cette masse, de la donation qu'il a reçue; cela doit s'entendre d'une donation faite en avancement d'hoirie, laquelle n'étant qu'un à-compte remis par anticipation sur la part héréditaire, c'est-à-dire, sur la réserve légale, doit s'imputer sur cette réserve et par conséquent être précomptée à l'héritier qui réclame sa légitime :

Que dans l'espèce jugée en cassation, le 17 mai 1843, comme dans toutes celles où le rapport fictif a été ordonné contre l'héritier à réserve, il s'agissait de donations faites en avancement d'hoirie (3).

Attendu que, s'il en était autrement, il faudrait décider que, dans le concours de deux héritiers, dont l'un renonce, celui-ci a seul

---

(1) *Journal du Palais*, tom. 2 de 1834, p. 48.

(2) *Journal du Palais*, tom. 2 de 1843, p. 380.

(3) Arrêt de cassation, du 8 juillet 1826; — *Journal du Palais*, tome 3 de 1826, page 272.

Arrêt de Paris, du 30 janvier 1838 ; — même recueil, tome 1er de 1838, page 380.
Arrêt de Bastia, du 3 janvier 1837 ; — même recueil, tome 1er de 1840, page 244.
Arrêt de Limosges, du 21 juin 1838 ; — même recueil, tome 3 de 1829, page 575.

droit au bénéfice de la quotité disponible, quoique l'autre, celui qui accepte, ait été premier donataire, avec dispense de rapport; que tel ne peut être le sens de l'article 845 du code civil.

ATTENDU que la dame des Mares a été formellement dispensée du rapport des 200 mille francs, par l'acte du 30 septembre 1814 : « Il est » bien entendu que cet acte de justice de notre part, et dont mon » mari m'a confié l'exécution, *ne devra jamais exposer ma fille ou* » *ses héritiers à aucune espèce de rapport à ma succession*........ »

Attendu que le jugement dont est appel décide, d'un côté, « que » de Neuflize fils, ou ses représentans qui renoncent, ont droit de » retenir *leur part d'enfant et la quotité disponible*, ou les deux tiers » du total de la succession de la dame de Neuflize mère, et que la » dame des Mares se trouve réduite au tiers; »

Qu'il décide aussi que, dans la masse à former pour déterminer » la réserve de la dame des Mares, pour laquelle celle-ci aurait action » en réduction des donations faites à son co-successible..... figureront » les 200 mille francs attribués à ladite dame des Mares par le jugement » du 19 mars 1816; »

D'où il suit que, si la dame des Mares ne rapporte pas réellement et positivement les 200 mille francs, de manière à les faire passer, en tout ou partie, entre les mains de son frère ou des représentans de son frère, elle est condamnée, dès à présent, à les imputer sur sa légitime ou réserve légale, sur cette part d'enfant, réduite, sur ce tiers au-delà duquel elle ne peut rien demander.

Où est donc le titre d'André de Neuflize, qui l'autorise à renfermer sa sœur dans un cercle aussi étroit, à lui imposer une loi si dure, et si différente de celle qui le régit lui-même?

Sa *qualité d'enfant* lui donne droit à une réserve légale, quoiqu'il ne soit point héritier; cela se comprend, à la vue de l'arrêt du

17 mai 1843; on le lui accorde, malgré le texte des articles 785, 786 et 845 du code civil, malgré un premier arrêt de cassation du 18 février 1818 (1).

La renonciation d'André de Neuflize à la succession maternelle a érigé en donation par préciput tous les avantages qui lui ont été faits, alors même que la dispense du rapport n'a point été stipulée; c'est le vœu de l'article 845 du code civil. Mais, cette renonciation ne saurait abolir les droits antérieurement acquis à la dame des Mares sur une partie de la quotité disponible, ni l'obliger à imputer sur le tiers de la succession, formant sa réserve légale, ce qui lui aurait été donné à valoir sur la quotité disponible.

Donc, en supposant que la dame de Neuflize ait exercé une libéralité envers sa fille, par l'obligation de 200 mille francs, du 30 septembre 1814, l'imputation doit s'en faire sur le tiers de la succession représentant la quotité disponible, et non sur le tiers représentant la légitime de la dame des Mares.

Donc, ce n'est point assez de soutenir que la promesse de 200 mille francs est une obligation pure et simple qui n'emprunte rien au caractère de la donation; on peut aller plus loin, et un premier moyen subsidiaire vient concourir, avec le moyen principal de la cause, pour faire infirmer la décision des premiers juges.

§ 3.

En raisonnant toujours dans l'hypothèse d'une donation, il n'y aurait que la moitié de la somme de 200,000 francs à rapporter fictivement à la succession de la dame de Neuflize.

ATTENDU que la dame de Neuflize, seule, n'a pas fourni de ses

---

(1) *Journal du Palais*, tome 2 de 1818, page 137.

deniers toute la somme au paiement de laquelle elle s'était obligée par l'acte du 30 septembre 1814;

Que si l'on ne décidait pas, conformément à la juste prétention de la dame des Mares, que les 200 mille francs tout entiers proviennent du patrimoine du sieur de Neuflize père, on ne balancerait point à reconnaître, au moins, que le père de famille a contribué à faire les fonds pour le paiement de cette somme; que l'engagement était commun à sa femme et à lui : « cette obligation, de ma part, est le » résultat de l'engagement que nous avions pris, mon mari et moi... » En confiant à sa femme l'*exécution* de cet engagement, que la dame de Neuflize appelait un *acte de justice*, le sieur de Neuflize père n'a pas manqué d'affecter le legs de plus de 500 mille francs, qu'il lui faisait, à l'acquit des 200 mille francs promis, jusqu'à concurrence, au moins, de sa part dans cette dette commune;

Que s'il y avait eu libéralité, et, par conséquent, donation, il faudrait attribuer au sieur de Neuflize, aussi bien et mieux qu'à sa veuve, le titre de donateur; il faudrait admettre, sur le témoignage de celle-ci, exprimé dans l'acte du 30 septembre 1814, que le sieur de Neuflize, qui lui *confie l'exécution* des promesses, en même temps qu'il lui laisse 500 mille francs, a voulu être de moitié, au moins, dans le paiement des 200 mille francs;

Que 100 mille francs, tout au plus, peuvent faire retour à la succession maternelle.

DEUXIÈME GRIEF.

Les sommes prêtées par la dame de Neuflize mère, au sieur de Neuflize-Sévène.

ATTENDU que chaque cohéritier fait rapport à la masse des dons qui lui ont été faits et *des sommes dont il est débiteur* (art. 829 du code civil);

Que tout héritier, même bénéficiaire, doit rapporter tout ce qu'il a reçu du défunt, par donations entre-vifs, directement ou *indirectement* (art. 843);

Que le rapport est dû de ce qui a été employé pour l'établissement d'un des cohéritiers ou *pour le paiement de ses dettes* (art. 851).

Attendu que ces dispositions de la loi impliquent l'obligation, pour le successible, de rapporter à la succession de son auteur les sommes que celui-ci lui a prêtées, car, n'ayant reçu l'argent qu'à charge de le rendre, il en est *débiteur*, suivant l'expression de l'article 829; s'il est tenu de rapporter ce qui a été avancé *pour le paiement de ses dettes*, d'après l'article 851, il doit, par la même raison, ce qu'il a reçu directement, à titre de prêt: il n'y a pas de distinction à faire entre la *dette* contractée envers le père de famille et celle contractée envers un étranger, mais que le père de famille a remboursée pour le compte du successible: dans l'un et l'autre cas, il s'agit de deniers qui ont appauvri la succession, pour passer dans les mains d'un héritier; il s'agit de sa dette et d'une chose sujette à rapport;

Que si le père de famille, prêteur ou créancier, avait fait remise de la dette, il y aurait pour l'enfant avantage indirect, et, par conséquent, obligation de rapporter, en vertu de l'article 843.

Attendu que le prêt, même le prêt à *intérêt*, profite toujours et principalement à l'emprunteur;

Que c'est, d'ailleurs, une question oiseuse que celle de savoir si, en fait, le contrat de prêt a eu lieu dans l'intérêt seul de l'emprunteur ou dans un intérêt commun au prêteur et à lui. Il en sera du contrat de prêt, si l'on veut, comme du contrat de vente, le contrat le plus essentiellement commutatif qui existe. Au moment où le

contrat de prêt et le contrat de vente se forment, chacun est intéressé à son exécution ; mais, une fois que l'emprunteur a les deniers, comme une fois que l'acheteur est en possession de la chose vendue, si l'emprunteur ne rembourse pas, ou si l'acheteur ne paye pas son prix, il ne reste plus qu'une *dette*; et cette dette, non payée au décès du prêteur ou du vendeur, est sujette à rapport, lorsque celui qui doit est l'un des successibles. « Par l'addition d'hérédité, le
» prêt change de nature, et devient un avantage : c'est pour cela,
» dit Denizart (1), que le fils, le petit-fils, etc., débiteur d'une rente,
» n'est pas recevable à vouloir la continuer. Il est obligé de rapporter
» le principal ou de prendre moins. Ricard en rapporte un arrêt du
» 26 juin 1604, sur l'article 304 de la coutume de Paris. » Supposons le contrat de société qui, par lui-même, ne donne ouverture à aucun rapport, pourvu qu'il soit dans les conditions de l'article 854 du code civil ; supposons que le fils, associé du père, soit son débiteur : ne sera-t-il pas soumis à l'obligation du rapport, la succession du père venant à s'ouvrir ? Évidemment oui, parce qu'il suffit qu'il y ait *dette*; la loi n'en considère pas l'origine et la cause ; d'accord avec la raison, elle prononce, article 829 du code civil, que chaque cohéritier fait rapport à la masse des dons qui lui ont été faits et *des sommes dont il est débiteur*.

ATTENDU que la faillite ou la déconfiture dans laquelle l'héritier débiteur est tombé, ne le dispense pas de rapporter intégralement ce qu'il doit, ses cohéritiers ne pouvant souffrir d'un état de choses qui ne procède pas de leur fait.

Attendu que la remise volontaire ou forcée, faite par le créancier à son débiteur, pour l'exécution d'un concordat ou d'un atermoiement, ne peut pas même modifier l'obligation du rapport, parce que, si la remise éteint la dette en tout ou en partie, elle confère un avan-

---

(1) V. *Rapport*, n° 46, tome III, page 317.

tage au débiteur qui en profite, elle diminue d'autant la masse héréditaire à partager, les sommes que devait le cohéritier en faillite et qu'il ne paye pas, manquant à la succession du créancier où elles sont en moins. Les intérêts des cohéritiers, étrangers à la dette, souffriraient, l'égalité du partage serait violée, si le débiteur pouvait prendre part entière dans la succession et n'y point rapporter les sommes dont son insolvabilité avait rendu le recouvrement impossible.

« Un père, dit Pothier (1), a prêté 12,000 livres à l'un de ses enfants,
» qui depuis a fait faillite et a fait un contrat avec ses créanciers, par
» lequel tous les créanciers, du nombre desquels était le père, se
» sont restreints aux deux tiers de leurs créances payables dans cer-
» tains temps, et lui ont fait remise de l'autre tiers ; on demande
» si le fils doit rapporter à la succession de son père la somme entière
» de 12,000 livres ? La raison de douter est, qu'au moyen du contrat,
» il n'en doit plus que 8,000 livres ; que la remise de 4,000 livres,
» qui lui a été faite, ne doit pas être sujette à rapport, n'étant pas
» une vraie donation que son père lui ait faite, puisque cette remise
» était forcée de la part de son père, qui était obligé de suivre le
» grand nombre des créanciers. Néanmoins il n'est pas douteux que
» le fils doit rapporter la somme entière de 12,000 livres, même sans
» attendre les termes du contrat d'atermoiement ; la raison est qu'il
» ne peut disconvenir que cette somme lui a été prêtée par son père,
» et que le rapport est dû des sommes prêtées, également comme des
» sommes données. »

« Ajoutons, dit Merlin (1), que l'objet de ce droit est l'égalité entre
» les enfants, et que la mauvaise administration ou les malheurs de
» l'un d'eux ne sont pas des raisons suffisantes pour blesser cette
» égalité, en lui laissant prendre dans la succession la même part que

---

(1) Traité des successions, p. 448.
(1) Rép. de Jurisp., art. rapport à succession, § 3, n° XVI, p. 667.

» s'il n'eût rien reçu du père, ou que s'il eût conservé tout ce qu'il
» en a reçu. »

« .... De quelque manière qu'on voulût considérer la chose,
» dit encore Duranton (1), soit comme remise forcée, ce qui est
» vrai, soit comme libéralité pure, ce qui n'est pas, le rapport n'en
» serait pas moins dû, puisqu'il y aurait toujours avantage pour l'hé-
» ritier et avantage reçu du défunt, ce qui suffit, aux termes de
» l'art. 843, pour qu'il y ait lieu au rapport. Vainement dirait-on
» que c'est là une convention ordinaire, faite sans fraude, non dans
» le but d'avantager l'héritier, comme celles, en un mot, des autres
» créanciers, on répondrait toujours que l'héritier a profité de ce qui
» lui a été remis par le défunt. La loi considère si peu cette remise
» comme une convention ordinaire, à titre onéreux, que celui qui
» l'avait reçue n'aurait pu obtenir sa réhabilitation qu'en justifiant
» qu'il avait ensuite soldé la partie remise, avec tous les intérêts. » (2)

Attendu que la question a été décidée dans ce même sens, par un arrêt de la cour royale de Bordeaux, du 16 août 1827 (3);

Par un arrêt de la cour royale de Paris, 2ᵉ chambre, du 8 mai 1833 (4), qui énonce, entr'autres motifs, « qu'aux termes de la loi,
» tout héritier venant à une succession, doit rapporter à ses cohériers
» tout ce qu'il a reçu du défunt par donation entre vifs, directement

---

(1) Tom. 7, n. 310, p. 446.
(2) Voir aussi Chabot, *Commentaire des successions*, sur l'art. 843, n. 23; Grenier, *Traité des donations*, t. 2, n. 527;
Delvincourt, *Cours de droit civil*, t. 2, n. 122;
Rolland de Villargues, *Rép. du notariat*, art. rapport à succession, n. 85;
Conflans, *Jurisp. des succ.*, n. 20, p. 431.
(3) *Sirey*, tom. 27, 2ᵉ partie, p. 241.
(4) *Journal du Palais*, t. 1ᵉʳ de 1834, p. 149.

» ou indirectement............ ; que ces principes sont applicables à
» l'avantage indirect fait par le défunt à l'un des cohéritiers, par la
» remise d'une dette ou le consentement par lui donné de n'en pas
» poursuivre rigoureusement le remboursement, à l'échéance ; »

Par un deuxième arrêt de la cour royale de Paris, première chambre, du 13 août 1839 (1), dans lequel on lit « que le but de la loi a été
» de faire rapporter à la masse de la succession toutes les sommes
» dont l'un des cohéritiers a pu profiter directement ou indirectement ;
» que ce but serait facilement éludé et le principe de l'égalité dans
» les partages souvent violé, si l'effet de la remise consentie par le
» père de famille de tout ou partie de sa créance, vis-à-vis d'un
» de ses présomptifs héritiers pouvait être, pour ce dernier, de le
» dispenser de rapporter à la masse tout ou partie de ce qu'il aurait
» reçu ; »

Par un troisième arrêt de la même cour, deuxième chambre, rendu le 11 janvier 1843 (2), qui repousse la prétention de Giraud fils,
» cohéritier tombé en faillite, par le motif que « si le concordat
» met Giraud fils à l'abri des poursuites de son père, pour les 60 pour
» cent dont il doit faire remise, Giraud fils n'en a pas moins reçu la
» somme intégrale, et que dès-lors, il en doit faire le rapport, aux
» termes de l'art. 843 du code civil ; »

Et par un dernier arrêt de la même chambre, du 21 décembre 1843 (3).

Attendu qu'on ne peut donc adopter les tendances de la cour royale de la Guadeloupe, exprimées dans son arrêt du 11 novembre 1842, rendu après partage, entre les héritiers *Valeau* ; que cet arrêt subsiste sans autre portée doctrinale, malgré l'arrêt de cassation du 22 août

---

(1) *Journal du Palais*, t. 2ᵉ de 1842, p. 443.
(2) *Journal du Palais*, t. 1ᵉʳ de 1843, p. 687.
(3) *Journal du Palais*, t. 1ᵉʳ de 1844, p. 366.

1843, section des requêtes, qui rejette le pourvoi de l'un des héritiers *Valeau*, contrairement aux conclusions de M. l'avocat-général Pascalis (1);

Qu'en résumé, il n'y a point à se préoccuper de la question de savoir si, dans l'origine, le prêt d'argent a été consenti plutôt à l'avantage du prêteur que pour celui de l'emprunteur; qu'à cet égard, il n'y a nulle distinction à faire; que le rapport est dû, par le cohéritier tombé en faillite, non pas seulement jusqu'à concurrence des dividendes que la succession du créancier peut être appelée à recevoir de la caisse syndicale, mais de la somme entière qui a été prêtée.

ATTENDU que les règles du *rapport*, qui obligent l'héritier venant à une succession, ne sont pas moins applicables à l'héritier qui a renoncé, en tant qu'il s'agit de le contraindre à restituer ce qui excède la quotité disponible, conformément à l'article 845 du code civil.

ATTENDU, en fait, qu'André de Neuflize a reçu de sa mère d'énormes avances de fonds;

Qu'indépendamment des sommes que la dame de Neuflize, née de Vatre, lui a prêtées, elle l'a cautionné, envers plusieurs de ses créanciers hypothécaires et autres, auxquels elle a fait des remboursements;

Que, de plus, la dame Dumontier de Vatre, mère de la dame de Neuflize et aïeule d'André de Neuflize, ayant fait à celui-ci des prêts d'argent qui n'ont pas été remboursés, la dame de Neuflize, en sa qualité d'héritière, pour moitié, de sa mère, s'est trouvée créancière du failli, à un autre titre.

Attendu, quant aux prêts d'argent, faits par la dame de Neuflize, qu'elle a été admise au passif de la faillite, le 11 septembre 1829,

---

(1) *Journal du Palais*, t. 1er de 1844, p. 16.

pour la somme de 1,106,104 fr. 91 c.; un peu plus tard, pour celle de 75,000 fr., au total 1,181,104 fr. 91 c.;

Que, pour cette créance, il lui a été attribué, un dividende de 12 p. %, en vertu du concordat du 22 janvier 1830, dividende s'élevant à 141,733 fr. 58 c.

Attendu, à l'égard des créances provenant de la succession de la dame Dumontier de Vatre, dont la dame de Neuflize était héritière pour moitié, qu'elles ont été admises pour 84,000 fr., produisant un dividende de 10,080 fr. et de 5,040 fr. pour la part de la dame de Neuflize.

Attendu que ces dividendes n'ont point été touchés par la dame de Neuflize, l'abandon en ayant été fait par actes notariés des 5, 7 mars, 2 avril 1831, 10, 18 février et 11 mars 1835, aux créanciers d'André de Neuflize, envers lesquels elle était obligée.

Attendu, quant aux cautionnements solidaires par elle fournis, qu'ils ont eu lieu, notamment en faveur du sieur Greffhule, pour 200,000 fr. : obligation du 30 mai 1826;

En faveur du sieur Sartoris, pour 100,000 fr. : obligation du 5 octobre 1826 (1);

En faveur de la maison veuve Cliquot-Ponsardin, de Reims, le 12 février 1823, pour un crédit de 200,000 fr.;

Le 8 décembre de la même année, pour élever le crédit à 400,000 fr.;

Le 8 mai et le 19 novembre 1828, pour le porter à 700,000 fr.;

En faveur de MM. Bertèche-Lambquin, de Sedan, pour 60,000 fr.;

---

(1) Les titres des sieurs Greffhule et Sartoris n'ayant point été communiqués, il en est parlé ici sous toutes réserves de droit.

En faveur de MM. Billaudel père, de Rethel, Soula, Johannot, Outrequin-Jauge et de Lapanouze, pour des sommes réunies s'élevant à plus de 300,000 fr.

Attendu qu'il est prouvé, par la déclaration de la dame de Neuflize et l'aveu du sieur André de Neuflize, dans son bilan, que l'obligation de 75,000 fr. contractée par elle, envers la dame Trubert, de Paris, le 27 mai 1826, et acquittée, avec le prix de sa maison de campagne de Saint-Gratien, le 15 février 1833, a tourné au profit du failli.

Attendu que la situation de la dame de Neuflize, dans la faillite de son fils, se résume et se dépeint par ce passage d'une lettre non datée, trouvée à sa mort et retenue dans l'inventaire : « J'ai environ 1 million
» 150,000 fr. dans les maisons de mon fils. J'ai garanti cinq ou six
» de ses créanciers pour une somme d'un million et quelques mille
» francs. J'abandonne tous les dividendes auxquels j'ai droit, comme
» les autres créanciers, pour satisfaire à toutes mes garanties, et ce,
» jusqu'à ce qu'ils soient entièrement payés. »

ATTENDU que, d'après ce qui vient d'être dit sur la doctrine en matière de rapports, il n'y a pas à distinguer entre les prêts d'argent, faits par le père de famille, à titre de placement lucratif, et ceux qui peuvent avoir eu pour mobile unique ou principal, le désir de venir en aide au successible ;

Qu'alors même qu'il faudrait, en général, tenir compte de cette distinction, il est démontré, dès à présent, que la dame de Neuflize a fait des avances à son fils, pour lui procurer des avantages ou pour le tirer, s'il était possible, des embarras financiers dans lesquels il se trouvait.

On a la preuve aujourd'hui qu'André de Neuflize empruntait sur hypothèque et engageait les reprises de sa femme, dès l'année 1817 : voir l'obligation notariée du 9 décembre 1817, au profit de la dame Amabert, pour 100,000 fr.

La dame de Neuflize connaissait la situation de son fils, à remonter au moins à 1819; car il n'a pu lui payer les 480,442 fr. 96 cent. qu'il lui devait, en vertu de la liquidation signée à Paris le 11 juillet ; la quittance que la dame de Neuflize a donnée de cette somme est simulée, suivant l'aveu qu'André de Neuflize a fait à ses créanciers, en leur demandant un concordat.

Le 21 octobre de cette même année 1819, André de Neuflize empruntait encore, moyennant hypothèque et l'obligation de sa femme, la modique somme de 15,000 fr., dont apparemment il avait un pressant besoin.

André de Neuflize et sa femme n'empruntaient pas seuls, car, s'ils contractaient de leur côté, la dame de Neuflize mère contractait du sien; tantôt en son nom personnel mais pour eux, comme on l'a vu dans l'emprunt *Trubert*, du 27 mai 1826, tantôt en vertu de leurs procurations notariées des 25 avril 1820 et 4 août 1826. Sous toutes les formes, elle couvrait de son crédit le fabricant dont les ressources étaient déjà épuisées. Une garantie de 200,000 fr. fut successivement élevée, de 1823 à 1828, à 400,000 fr. et à 700,000 fr., dans une seule maison de banque. Elle ouvrait sa bourse à cet emprunteur qui ne rendait jamais et qu'elle savait être hors d'état de rendre. Elle se ruinait pour lui et se ruinait sciemment. Qu'on ne nous parle pas de spéculations, de prêts consentis en vue d'un lucre, en vue *d'une affaire!* Mme de Neuflize, qui possédait plus de deux millions au décès de son mari, en 1814, et qui est morte pauvre en 1843, n'a jamais fait un contrat intéressé avec son fils ; incessamment poussée par une aveugle tendresse, elle n'a pas compté avec cet enfant chéri ; pour lui, aucun genre de sacrifices ne lui a coûté ; sa conduite, à cet égard, ne s'est pas démentie un seul jour, car Mme de Neuflize a fini comme elle avait commencé ; on serait en droit de le reprocher à sa mémoire, si l'impression d'un regret amer ne se laissait voir dans ce fragment de lettre que nous avons déjà citée : « Voilà, je pense, mes devoirs remplis complètement envers » les créanciers de mon fils. » Puis, se rappelant qu'elle a une fille

ou tout au moins des petits-enfans : « Viennent ensuite, UN PEU
» TARDIVEMENT, *ceux de la mère de famille,* car ce n'est pas pour moi :
» à mon âge, on n'a pas besoin de grand'chose; mais, après mes
» enfans, j'ai neuf petits-enfans, et, en cherchant à éviter la perte
» du très-peu qui me reste, je ne crois point que cela puisse s'appeler
» pas plus tripotage, que toute autre désignation autre que *devoir*
» *de mère.* »

TROISIÈME GRIEF.

La dame des Mares doit être autorisée, dès à présent, et sans qu'il soit besoin d'une liquidation, à toucher la somme de 121,500 *fr., mise en réserve sur le prix des biens donnés en dot au sieur André de Neuflize et formant le rapport à effectuer par lui ou par ses représentants.*

ATTENDU que l'on peut et l'on doit épargner aux parties les lenteurs et les frais d'une liquidation, s'il est constant aujourd'hui que la dame des Mares ne sera pas remplie de sa légitime, même après avoir reçu les 121,500 fr. dont il est question au procès.

Attendu qu'on arrive à cette démonstration facile, en présentant des aperçus assez larges, pour que rien de raisonnable ou de spécieux ne puisse être objecté.

Attendu, relativement aux *biens existants au décès de la dame de Neuflize*, qu'il a été fait un inventaire, communiqué aux intimés et dont ils ont pu opérer le dépouillement;

Que la dame des Mares évalue l'actif de la succession de sa mère à 60,000 fr. environ, avec lesquels il faudra éteindre les dettes qui s'élèvent beaucoup au-delà; qu'en procédant par aperçus, comme il vient d'être dit, et en faisant aux adversaires de la dame des Mares des concessions qui dépassent évidemment toutes prétentions plausibles, nous supposons un actif net de .... 70,000 »

Attendu, *quant aux rapports de la dame des Mares*, que sa mère ne lui a fait aucun prêt d'argent, qu'elle, dame des Mares, n'est débitrice, à aucun titre, de la succession ; mais qu'elle est tenue au rapport de la moitié de sa dot, laquelle fut constituée en argent, pour une somme de 105,000 f., à cause du retrait d'une pièce de vigne située à Mouzon et estimée 5,000 f., ci, pour la moitié .. 52,500 »

Et en immeubles pour 95,000 fr., suivant l'estimation portée au contrat de mariage, déduction faite de la valeur de la pièce de vigne de Mouzon ; qu'à cette estimation de 95,000 fr., il peut convenir d'ajouter un tiers en sus, pour atteindre la plus haute valeur des immeubles, au décès de la dame de Neuflize, ce qui porte lesdits immeubles à 126,666 fr. 66 c., pour moitié................ 63,333 33

Attendu, *en ce qui touche les rapports du sieur André de Neuflize*, qu'il doit 1° moitié de sa dot en argent, qui est de 200,000 fr., ci............. 100,000 »

2° Moitié de sa dot en immeubles, sans égard à la plus value, dont on lui fait remise, par hypothèse et dans le système de concession, qui forme la base de ce troisième grief................... 121,500 »

3° Les sommes pour lesquelles la dame de Neuflize mère a été admise au passif de la faillite et qui ont valu à ladite dame de Neuflize un dividende

A reporter.............. 407,333 33

Report	407,333	33

personnel de 141,732 fr. 58 c., c'est-à-dire 12 p. % du montant de ses créances. 1,181,104 91

4° Les créances de la dame Dumoutier de Vatre, admises pour 84,000 f., donnant droit à un dividende de 10,080 f., ce qui fait pour la part de la dame de Neuflize, 42,000 f. qui sont représentés par son dividende de 5,040 f., ci . . . . 42,000 »

5° La somme de 11,000 f., montant des valeurs abandonnées par la dame de Neuflize mère, aux créanciers de son fils, indépendamment des deux dividendes ci-dessus s'élevant ensemble à 146,772 f. 58 c., le tout aux termes des deux actes de cession notariés, des 5, 7 mars, 2 avril 1831, 10, 18 février et 11 mars 1835, ci. . . . . 11,000 »

Sans compter la moitié à prendre dans une rente viagère de 6,075 fr., portée pour mémoire dans les actes de cession de 1831 et 1835. . . . . Mémoire.

Sans compter les sommes qui ont été affectées au payement des créanciers du sieur André de Neuflize, dans le prix d'une maison, rue du Faubourg-du-Roule, à Paris, provenant de la succession de la dame Dumoutier de Vatre, au-delà de la somme de 2,000 f. comprise dans lesdits abandons de 1831 et 1835. . . . . Mémoire.

Sans compter non plus ce qui a été payé à la décharge du même André de Neuflize, suivant quittance notariée du 15 février 1833, par le marquis de Custine, acquéreur du domaine de Saint-

| A reporter . . . . | 1,641,438 | 24 |

Report................	1,641,438	24
Gratien, au-delà de la somme de 5,000 fr. déjà comptée dans ledit abandon..................	Mémoire.	
Et sans préjudice à d'autres répétitions qu'il est même inutile d'énoncer, mais pour lesquelles la dame des Mares fait réserve de ses droits, pour les exercer, le cas échéant,......................	Mémoire.	
Total de la masse de la succession de la dame de Neuflize, formée de la manière prescrite par l'article 922 du code civil....................	1,641,438	24
Le tiers revenant à la dame des Mares, pour sa réserve légale, est de....................................	547,146	08

La dame des Mares est réputée avoir reçu, d'après nos suppositions, beaucoup trop favorables aux parties adverses :

1° L'actif net de la succession de sa mère, qui, dans la réalité, ne sera pour elle d'aucune valeur, le passif devant absorber l'actif..	70,000	»		
2° Moitié de sa dot en argent...	52,500	»		
3° Moitié de sa dot en immeubles	63,333	33		
4° Elle recevra la somme de 121 mille 500 francs pour laquelle il y a instance..................	121,500	»		
	307,333	33	307,333	33
Différence ou déficit................			239,812	75

Il s'en faudra donc de 239,812 fr. 75 c., que la dame des Mares ne soit remplie de sa légitime, après qu'elle aura touché les 121,500 fr., que les ayant-cause de son frère lui disputent.

IL PLAISE A LA COUR :

Mettre l'appellation et ce dont est appel au néant ; émendant et statuant par jugement nouveau, sans s'arrêter ni avoir égard aux fins de non recevoir opposées par les intimés, dans lesquelles ils seront déclarés eux-mêmes non recevables et mal fondés ;

Dire et déclarer que la dame Lemoine des Mares a définitivement droit à la somme de 121,500 fr., sur le prix des biens qui avaient été donnés en dot à Jean-Abraham-André Poupart de Neuflize, et qui ont été vendus après sa faillite ;

Autoriser, dès à présent, ladite dame Lemoine des Mares, à toucher cette somme de 121,500 fr., à valoir sur sa réserve légale dans la succession de la dame Poupart de Neuflize, sa mère, dont elle est héritière sous bénéfice d'inventaire, avec les intérêts que ladite somme a pu produire, à compter du 2 février 1843, jour de l'ouverture de la succession dont il s'agit.

Dire que les héritiers Jacques Lafitte, Sartoris et Greffhule, ou tous autres créanciers éventuellement colloqués sur ladite somme de 121,500 fr., dans l'ordre ouvert au greffe du tribunal de Sedan, sur André Poupart de Neuflize, en 1831, clos en sa dernière partie le 31 décembre 1833, sont irrévocablement déchus de tous droits à ladite somme, laquelle demeure attribuée à la dame Lemoine des Mares :

En conséquence, dire et ordonner que tout receveur ou préposé à la caisse des consignations sera tenu de payer ladite somme de 121,500 fr., et les intérêts courus depuis le décès de la dame Poupart de Neuflize, entre les mains de la dame Lemoine des Mares et de son mari, et sur leur simple quittance ; à quoi faire il sera contraint, quoi faisant il sera bien et valablement quitte et déchargé.

Déclarer l'arrêt à intervenir commun à Marguerite-Jeanne-Zélia Poupart de Neuflize, en sa qualité, pour être exécuté à son égard, selon sa forme et teneur.

SUBSIDIAIREMENT, et si la Cour se portait à confirmer la décision des premiers juges, en ce qu'elle renvoie les parties à procéder à une liquidation préalable :

Dire que la somme de 200,000 fr. payée par la dame de Neuflize à la dame des Mares, sa fille, en vertu de l'obligation du 30 septembre 1814, dûment enregistrée, du jugement du 19 mars 1816, et de la transaction du 13 juillet de la même année, aussi enregistrée, n'entrera pas dans la masse de la succession de la dame de Neuflize mère, qui devra être composée selon le vœu de l'article 922 du code civil ;

Qu'en tous cas, ladite somme sera imputée sur la quotité disponible, et non sur la réserve légale de la dame des Mares.

Plus subsidiairement sur le même point, dire qu'il ne sera fait rapport fictif à la masse de la succession de la dame de Neuflize, que de la somme de 100,000 fr. formant moitié de celle susdite de 200,000 fr.

Ordonner enfin que dans ladite masse figureront toutes les sommes indistinctement, qui seront justifiées avoir été prêtées par la dame de Neuflize à son fils, ou payées par elle en son acquit ;

Le jugement au résidu sortant ses pleins et entiers effets.

DANS TOUS les cas, condamner les intimés et particulièrement les héritiers Lafitte, Sartoris et Greffulhe, entr'eux pour le tout, aux dépens des causes principale et d'appel ;

Ordonner la restitution de l'amende consignée ; sous la réserve la plus expresse de tous droits.

DOMMANGET, *avocat.*
JACQUEMAIRE, *avoué*

METZ. IMPRIMERIE DE S. LAMORT.

www.ingramcontent.com/pod-product-compliance
Lightning Source LLC
Chambersburg PA
CBHW060502200326
41520CB00017B/4886